I0115986

Ils n'y seront admis qu'après avoir fourni la preuve des notions professionnelles nécessaires.

2° Un fonctionnaire n'obtiendra qu'un grade à la fois.

Il ne pourra être promu au grade immédiatement supérieur qu'après un minimum déterminé d'exercice dans le grade précédent.

De plus lorsqu'il entrera dans un nouveau grade, ce ne sera jamais qu'à titre provisoire; et si au bout d'un an, un an et demi au plus il n'a pas été nommé à titre définitif, il retournera au grade précédent.

3° Toute fonction sera rétribuée et il n'y aura plus de surnumérariat gratuit ou non payé.

4° Tout traitement devra être suffisant pour fournir aux fonctionnaires les moyens de vivre honnêtement et sans gêne.

5° Les traitements ne seront pas égaux, mais les différences entre les traitements des grades successifs seront faibles, afin qu'ils s'écartent peu de l'égalité démocratique.

6° Des garanties seront établies pour que :

Tout fonctionnaire remplissant convenablement sa fonction soit à l'abri de toute révocation et de toute disgrâce.

Tout fonctionnaire soit exempt de toute obligation de servilisme envers ses supérieurs;

Et d'autre part qu'aucun fonctionnaire ne puisse se considérer comme inattaquable dans ses négligences, ses infidélités ou ses manquements en général, soit de la part de ses supérieurs, soit de la part de ses inférieurs, soit enfin de la part de ses administrés.

7° En conséquence tout fonctionnaire pourra être appelé en dommages-intérêts devant le jury du tribunal ordinaire.

Par le citoyen ou par le subordonné qu'il aura lésé;

Par son supérieur à raison des négligences, malversations, refus d'obéissance, dont il se sera rendu coupable dans l'exercice de sa fonction.

8° Les fonctionnaires supérieurs tels qu'ambassadeurs, généraux, amiraux, directeurs d'administration et ministres comparaîtront devant le jury de la cour suprême dont il sera parlé plus loin.

9° En ce qui concerne l'avancement, lorsque des fonctionnaires du même grade vivront en assez grand nombre suffisamment rapprochés l'un de l'autre pour se bien apprécier et qu'il surgira une vacance dans le grade de leur supérieur immédiat, ils seront invités à présenter dans l'ordre de leur préférence trois candidats entre lesquels l'autorité supérieure devra faire son choix pour combler la vacance.

La nomination sera toujours faite à titre provisoire ainsi qu'il a été dit plus haut.

LA RÉVISION DÉMOCRATIQUE

Le gouvernement national
en démocratie
ou
La souveraineté du peuple
dans la république.

§3. — Organisation du pouvoir exécutif
en démocratie.

2ᵉ partie.

ORGANISATION DE L'EXÉCUTIF DIRIGÉ OU DE LA
HIÉRARCHIE DES FONCTIONNAIRES.

— Vous savez, Louis, quels furent aux États-Unis les effets funestes de l'instabilité des fonctionnaires de l'Union américaine, surtout après la guerre de la sécession lorsque le sud vaincu fut pendant quelque temps pour le Nord une sorte de pays conquis.

Les fonctionnaires en exercice étant la plupart révoqués aussitôt après l'élection d'un nouveau président, il s'organisa à chaque élection présidentielle d'immenses brigues d'hommes faisant métier de la politique, appelés pour cela politiciens qui s'enrôlaient dans la clientèle d'un chef de parti dans l'espoir d'obtenir de lui après son élection une fonction lucrative proportionnée au nombre des voix procurées.

L'instabilité des fonctionnaires de l'Union américaine produisit ainsi tout un ensemble de vices profonds : 1° la corruption de la nation ; 2° la substitution des intérêts privés aux intérêts publics dans l'élection présidentielle; 3° et pour ainsi dire la mise à l'encan de la république comme au temps des factions de l'ancienne Rome.

Vous voyez par là, Louis, que pour assurer la stabilité et le progrès des institutions démocratiques, il ne suffit pas de bien organiser les grands pouvoirs du gouvernement et qu'il est indispensable également de bien régler et de bien assurer la situation et le fonctionnement de la nombreuse hiérarchie chargée d'exécuter les ordres et les instructions de l'exécutif dirigeant.

Et quoique dans notre système d'élection de l'exécutif dirigeant par les chambres, ces brigues soient moins directement faciles, l'instabilité des fonctionnaires pourrait encore favoriser des marchandages entre les électeurs, les candidats-ministres et les membres des deux chambres et nous devons par suite y obvier en exposant les règles qur doivent présider à l'organisation de la hiérarchie des fonctionnaires.

Je pense que l'on peut les formuler sommairement de la manière suivante ;

1° Dans chaque branche ou service, tous les fonctionnaires devront débuter par le grade inférieur.

Telles sont Louis les règles qui me paraissent le mieux assurer les garanties que les fonctionnaires ont le droit de réclamer et le devoir de fournir pour leur juste indépendance.

— Pourquoi, Charles, ne préférez vous pas à un tribunal ordinaire un tribunal professionnel pour juger les différends des fonctionnaires dans la même profession ?

— Parce que, Louis, dans un tribunal professionnel, s'il est constitué par l'élection de la totalité des fonctionnaires d'une profession, les garanties assurées aux supérieurs seront insuffisantes; que si au contraire les juges sont nommés entièrement par l'autorité supérieure, les droits des inférieurs seront habituellement sacrifiés ; qu'enfin il en sera encore souvent de même si le tribunal est composé mi-partie de supérieurs et mi-partie d'inférieurs, ces derniers n'étant pas suffisamment indépendants pour exprimer et défendre librement leur opinion en contradiction avec celles de leurs supérieurs.

D'après cela il me semble que le jury d'un tribunal ordinaire sera beaucoup mieux en situation pour fournir toute l'impartialité désirable.

— Vous pouvez avoir raison, Charles; dans tous les cas nous sommes d'accord en ceci qu'il faut indispensablement chercher par expérience le mode d'organisation qui réalise le mieux l'ensemble des garanties à assurer et à demander aux fonctionnaires.

Mais vous avez parlé d'une cour suprême, il conviendrait d'expliquer le rôle que cette institution doit jouer dans le gouvernement national.

— Je vais le faire, Louis.

§ 4

La cour suprême

Lorsque nous avons exposé l'organisation du département et de la province libre, Louis, nous avons en même temps expliqué sommairement comment l'ordre judiciaire devra y être organisé; mais les tribunaux et le jury que nous avons indiqués ne peuvent s'occuper que des causes concernant l'intérieur du département ou de la province.

Or il existe un grand nombre de causes en dehors de cette juridiction. Par exemple, une province peut être en procès avec une autre province ou avec la nation ou encore avec l'étranger; ou bien il y a eu rebellion et crime contre le gouvernement national; ou bien encore un particulier, un département lésé par une loi peut prétendre qu'elle est inconstitutionnelle : dans ces diverses causes extérieures ou supérieures à la province, il faut un tribunal qui lui soit également extérieur ou supérieur.

Les Américains y ont pourvu en établissant leur cour suprême, les Suisses en instituant leur tribunal fédéral.

— Ce tribunal joue-t-il dans ces républiques le rôle de notre tribunal supérieur, est-ce un tribunal, ou une cour de cassation?

— Non, Louis, c'est un tribunal d'ordre supérieur par l'espèce de ses justiciables et la catégorie des causes qui lui sont soumises, mais il n'exerce pas d'action directe sur les tribunaux de province.

Aux États-Unis, ainsi que l'explique de Tocqueville, la cour suprême est placée au dessus des autres tribunaux:

1° par l'objet de ses jugements qui sont:

Les questions relatives au commerce maritimes;

Les questions concernant le droit des gens et les rapports avec l'étranger;

A l'intérieur l'interprétation des lois de l'union, c'est-à-dire des lois qui règlent les rapports du gouvernement national avec les États particuliers ou avec les citoyens, tandis que les tribunaux ordinaires jugent surtout les différends et les rapports des citoyens entre eux.

La cour suprême est encore placée au-dessus des autres tribunaux par la nature de ses judiciables qui sont des États en litige entre eux ou avec l'Union, ou des citoyens en procès avec un État ou avec l'Union.

En Suisse le tribunal fédéral ou national juge:

Au civil, les différends:

1° Entre la confédération suisse et les cantons ou États fédérés;

2° Entre la confédération et des corporations ou des particuliers dans les causes importantes;

3° Entre les cantons ou États fédérés;

4° Entre les cantons et des communes etc.;

5° Les différends avec l'étranger, les questions de naturalisation etc.;

6° Les causes importantes, sur la demande des deux parties.

Au criminel:

1° En cas de haute trahison, de révolte et violence contre les autorités fédérales ou nationales;

2° Les crimes contre le droit des gens;

3° Les crimes et les délits politiques qui sont la cause ou la suite de troubles nécessitant l'intervention nationale de la force armée;

4° Les faits relevés à la charge des fonctionnaires nommés par une autorité fédérale, quand cette autorité en saisit le tribunal fédéral.

En matière de droit public ou politique:

1° Les conflits de compétence entre les fonctionnaires nationaux et les fonctionnaires d'un canton ou État fédéré;

2° les conflits entre cantons en matière de droit public.

3° les réclamations pour violation des droits constitutionnels des citoyens etc..

Telles sont sommairement, Louis, les attributions générales de la cour suprême dans ces deux répupubliques démocratiques, et telles devraient être les attributions de notre cour suprême dans la république démocratique que nous voulons fonder.

— La cour suprême, est-elle nombreuse, Charles?

— Aux États-Unis elle comprend neuf membres dent un président qui sont nommés à vie par le président de la république sur avis conforme du sénat.

En Suisse ils sont élus par le congrès des deux chambres, et la constitution a confié à une loi le soin de fixer leur nombre, la durée de leurs fonctions et tout ce qui les concerne.

La population de la France étant plutôt inférieure à celle des États-Unis, notre cour suprême pourrait se composer également de neuf membres.

Conformément aux principes de la démocratie, ils seraient élus par la nation et à temps, mais à fin d'assurer à ce tribunal supérieur toutes les garanties de lumières, de maturité et d'esprit de suite, il pourrait pourrait être établi:

1° Que les éligibles à la cour suprême devront être

agés d'au moins quarante ans, être licenciés en droit, et avoir exercé au moins pendant quinze ans la fonction de juge ou d'avocat.

2° Que les membres de la cour suprême seront élus par les électeurs sénatoriaux du second degré, pour la durée de trois ans, et qu'ils seront rééligibles.

3° Que la cour suprême se renouvellera par tiers chaque année.

— La cour suprême, Charles, devra-t-elle juger avec adjonction du jury?

— En Suisse et aux États-Unis, Louis, la constitution impose le jury en matière pénale, et il est bien clair qu'il devra en être de même dans notre cour suprême française.

Devra-t-elle juger avec l'assistance du jury en toutes sortes d'affaires, me demanderez-vous peut-être?

D'après les enseignements de l'expérience les corps judiciaires sont le plus souvent enclins à juger d'après la loi stricte, suivant et avec les duretés de la loi; le jury au contraire est surtout disposé à juger suivant l'équité tempérée d'humanité, à moins qu'il ne soit composé par classe et imbu de l'esprit et des sentiments de sa classe; en résumé les juges jugent avec plus de science strictement juridique, le jury avec plus de bon sens humain.

De sorte que pour obtenir la meilleure justice, il

faut ce me semble un juge capable de bien expliquer la loi et un jury intelligent pour la bien comprendre, humain pour la bien appliquer.

Et je conclurai que la cour suprême doit toujours juger avéc et par un jury, sauf à prendre pour l'élection de ce jury les meilleures conditions pour le bien composer, par exemple l'élection à deux degrés.

— Accordé, Charles.

Et maintenant ne pensez-vous pas que nous avons suffisamment passé en revue les questions essentielles qui doivent préoccuper les électeurs dans la rédaction de notre nouvelle constitution?

— Il y en a encore une, Louis sur laquelle il me semble indispensable de dire quelques mots, c'est le droit de déclarer la guerre et les conquêtes en démocratie.

— Bien, exposez.

§ 5

Le droit de déclarer la guerre et les conquêtes en démocratie.

L'histoire de toutes nos guerres et de nos interventions armées, Louis, nous montre irréfutablement avec quelle légèreté les hommes investis du pouvoir, les ministres de la république aussi bien que nos empereurs et nos rois entreprennent soit de grandes guerres, soit des interventions armées dans tous les lieux du monde.

Les tentatives d'intervention en Grèce et en Égypte sous l'impulsion de Gambetta, les expéditions de la Tunisie, du Tonkin, de Madagascar et du Congo par Jules Ferry nous démontrent sans conteste que les ministres républicains ne sont pas plus que les rois économes des finances et du sang d'une nation.

Elles nous montrent avec la même certitude que les majorités de nos chambres républicaines sont toujours disposées à ratifier le fait accompli et même à voter tous les crédits demandés pour une entreprise, dès qu'elle paraît commercialement fructueuse, sans aucun souci ni de l'injustice qui la rend criminelle, ni du sang qu'elle coûtera aux enfants du peuple.

Cette constatation nous oblige à conclure que la nation ne peut abandonner ni à son pouvoir exécutif, ni à son pouvoir législatif le droit de déclarer la guerre ou de décider une intervention armée, et qu'elle doit strictement se réserver à elle seule le droit de de disposer la vie de ses enfants.

— Mais on peut nous attaquer Charles, et alors il faut bien agir sans tarder, sans attendre la décision toujours relativement lente d'une nation aussi nombreuse que la nôtre.

— Sans doute, Louis. Il est entendu que si une nation de notre voisinage menaçait soit notre territoire soit notre indépendance, le pouvoir exécutif devrait immédiatement prendre toutes les mesures conservatoires, organiser la défense, et que les chambres auraient pour devoir de lui voter sans hésitation tous les crédits nécessaires.

Mais presque jamais de semblables attaques ne surgissent sans cause, et il y a d'ailleurs pour les prévenir et les éviter des moyens aussi honorables que sages qu'une démocratie ne doit jamais négliger.

— Lesquels?

— D'abord, à l'exemple des peuples de l'antiquité notre république démocratique pourrait faire avec tous ses voisins et même avec les peuples éloignés qui y seraient disposés des traités de trève pour cinq ou dix ans et s'assurer ainsi la paix avec eux pendant cette période.

En outre en concluant ces traités de trève ou même un traité de commerce avec une nation quelconque, notre république devrait toujours proposer l'insertion de la clause d'arbitrage, afin de clore toujours les différends possibles au moyen de dommages-intérêts à fixer par des arbitres, comme l'Angleterre et les États-Unis d'Amérique eurent la sagesse de le faire dans la question de l'Alabama, au lieu de risquer les violences, les hasards et les désastres immenses de la guerre.

De cette façon, Louis, nos voisins et nous, nous

aurions l'immense avantage de n'être plus exposés à la menace permanente d'une guerre, nous pourrions diminuer le chiffre et le fardeau de nos armées et nous nous habituerions peu-à-peu à vivre ensemble en rapports plus bienveillants, plus intimes, et plus fréquents.

Mais pourquoi, Charles, ne pas recourir plutôt aux allances défensives ?

— Parce que nous sommes encore entourés de monarchies, Louis, et qu'en une monarchie la guerre comme tout le reste dépend trop souvent de la décision toujours mobile d'un seul homme aujourd'hui sous l'influence d'un favori, demain sous celle d'une femme ou d'une maîtresse; et que les allances défensives avec des monarchies pourraient entraîner notre république en de grandes guerres désastreuses contre d'autres groupes de nations.

Mais lorsque l'Italie, ou l'Angleterre, ou l'Espagne ou même l'Allemagne sera franchement entrée dans le régime démocratique, ce sera tout différent: l'alliance défensive des républiques democratiques leur assurera le respect des monarchies et la garantie d'une paix pour ainsi dire perpétuelle, et dans ce cas l'alliance défensive deviendra la première règle de leur politique extérieure.

— C'est juste, Charles, je reconnais maintenant

qu'avec les monarchies des trèves sont préférables pour notre république, parce qu'elle ne nous rendront pas solidaires des fautes ou des injustices des souverains à l'égard d'autres nations.

Mais comment arrêter désormais cette manie, cette rage qui entraîne sans cesse nos gouvernants comme ceux de l'Angleterre, à opérer en tous lieux et sous tous les prétextes des interventions armées ici pour protéger des missions religieuses et sauvegarder notre influence, là pour établir un protectorat et ouvrir de nouveaux débouchés à notre commerce, ailleurs pour étendre nos possessions coloniales.

— Deux moyens suffisent et sont nécessaires, Louis.

D'abord il faut ôter à nos gouvernants tout droit d'opérer de semblables entreprises, et dans le cas où soit un ministre, soit un conseil de ministres aurait favorisé l'initiative d'une intervention armée quelconque de nos troupes ou de notre marine, dans le cas où des députés auraient voté des subsides à cet effet, les rendre responsables personnellement par la perte de leurs droits civiques d'abord et par le paiement de tous dommages-intérêts envers la nation pour ses dépenses, envers les familles pour leurs fils morts ou blessés dans l'expédition.

En second lieu, il faut, éclairer la nation et lui

bien montrer ce qu'elle ne voit pas, ce qui pour le plus grand nombre reste caché derrière ce que l'on voit.

Ainsi au point de vue de la justice et de l'honneur, une grande nation avancée en civilisation comme la nôtre peut-elle sans crime et sans lacheté attenter soit au territoire soit à l'indépendance d'un petit peuple barbare ou sauvage sous le prétexte qu'il ne sait point tirer parti des richesses de son sol et qu'il est incapable de nous résister? Disons donc bien haut que loin d'être glorieux de semblables attentats sont une honte pour une nation civilisée.

Au point de vue de l'intérêt, de pareilles entreprises sont toujours funestes à la nation qui par cupidité s'y laisse entraîner.

Dans les sociétés où règne une classe privilégiée comme l'aristocratique Angleterre et même comme la France bourgeoise actuelle, ces conquêtes permettent à la classe qui tient en main le gouvernement de distribuer à ses fils cadets ou sans fortune des places richement rétribuées, à ses membres manufacturiers ou organisateurs de sociétés capitalistes, des occasions de grands et rapides profits. Mais c'est toujours la nation considérée dans sa classe la plus nombreuse qui en fait les frais soit par ses deniers et son travail soit par le sang de ses enfants.

Pour une république démocratique ces conquêtes

sont à la fois un péril, une ruine et une duperie.

D'abord une démocratie y perd la notion de la justice qui fait son plus ferme soutien.

Puis comme elle est obligée d'appliquer à ses conquêtes le régime autoritaire, tous les citoyens qu'elle y envoie pour administrer le peuple conquis y perdent les mœurs de la démocratie et rapportent ensuite dans la mère-patrie des idées, des sentiments et des habitudes qui sont une menace constante pour les libertés publiques.

En outre, loin d'être pour la nation conquérante une source de profits, ces colonies sont pour elle une cause perpétuelle de dépenses, parce que tout y est à créer, instruction, agriculture, industrie, travaux publics, etc., parce qu'il y faut une capitalisation énorme, impossible aux indigènes et qu'il y faut entretenir une armée considérable pour les maintenir dans l'obéissance.

Et tous ces sacrifices sont œuvre de dupe, parce que du jour où ils sont mûrs pour l'autonomie et l'indépendance, les indigènes et les colons la réclament, et que les sentiments démocratiques mêmes de la mère patrie font à celle-ci un devoir de l'accorder.

De sorte qu'après des sacrifices énormes et longtemps prolongés, la nation conquérante se trouve ramenée à ses proportions primitives.

Dites-moi, Louis, combien notre nation ne serait-elle pas aujourd'hui plus riche et plus puissante, si elle avait appliqué productivement chez elle tous les capitaux qu'elle a improductivement disséminés partout au dehors.

Comptez, Louis, ce que depuis cinquante-trois ans l'Algérie nous a couté en armées, en jeunes hommes valides tués par la chaleur du climat, en généraux artisans de coups d'État, en généraux ayant désappris la guerre, en officiers corrompus par les bureaux arabes, en soldats indisciplinés, en dépenses de toutes sortes; supposez qu'à la place de ces dépenses stériles nos gouvernants aient annuellement appliqué ces ressources à l'intérieur en reboisements, en déssèchements, en canaux d'irrigation et de transport, etc., et jugez combien notre France serait aujourd'hui plus peuplée, plus riche, mieux concentrée et plus forte contre toute attaque du dehors !

Ainsi pour résumer: au peuple qui de ses deniers et de son sang paie les frais des guerres et des interventions armées, au peuple seul doit appartenir le droit de les décréter. Et du jour où il aura acquis une notion suffisamment claire de la justice et de ses intérêts, le nôtre renoncera à tout emploi de la violence, à tout attentat contre l'étranger, et il ne prendra jamais plus les armes que pour défendre son territoire et ses libertés.

Et maintenant, Louis, que nous avons sommairement passé en revue les questions essentielles qui
doivent faire l'objet de la révision démocratique de
notre constitution, devons-nous dès aujourd'hui clore
nos entretiens et laisser à nos lecteurs le soin de mé-
diter nos solutions, de les compléter et de les amélio-
rer s'il y a lieu?

Ou bien devons-nous faciliter ce travail au plus
grand nombre en concentrant dans un seul article
final tout ce que nous avons dit, en y détruisant les
dernières objections, et en y mettant aussi vivement en
lumière que possible la nécessité de la révision et la
fécondité de la révision démocratique?

Qu'en pensez-vous, Louis?

— Je crois, Charles, que ce dernier travail est indispensable; que si quelques hommes ont les loisirs et
les habitudes d'esprit nécessaires pour le faire eux-
mêmes, la plupart sont privés de ces avantages et ont
besoin de trouver à leur disposition un résumé et une
conclusion générale pour acquérir ce que nous dési-
rons leur procurer, une vue claire et complète de la
révision.

— Entendu, Louis, ce sera l'objet de notre dernier
entretien.

Un Révisionniste.

Carvin, Imp. Plouvier-Cardon

www.ingramcontent.com/pod-product-compliance
Lightning Source LLC
Chambersburg PA
CBHW060716280326
41933CB00012B/2454